AF202571

Motschi von Richthofen

Gegenwart gestalten
in Menschlichkeit walten

Gedichte in deutscher und englischer Sprache
Politisch und gesellschaftlich motiviert

Zeichnungen von Cat20

Das Werk, einschließlich seiner Teile, ist urheberrechtlich geschützt. Jede Verwertung ist ohne Zustimmung des Verlages und des Autors unzulässig.
Dies gilt insbesondere für die elektronische oder sonstige Vervielfältigung, Übersetzung, Verbreitung und öffentliche Zugänglichmachung.

Verlag und Druck:
tredition GmbH
Halenreie 42
22359 Hamburg
tredition GmbH
1. Auflage 2021

Copyright 2021 by
Motschi von Richthofen

978-3-347-35600-9 (Paperback)
978-3-347-35601-6 (Hardcover)
978-3-347-35602-3 (e-Book)

„Die wahre Großzügigkeit der Zukunft gegenüber besteht darin, in der Gegenwart alles zu geben."
Albert Camus

„Mehr als die Vergangenheit interessiert mich die Zukunft, denn in ihr gedenke ich zu leben."
Albert Einstein

Es ist nicht zu wenig Zeit, die wir haben, sondern es ist zu viel Zeit, die wir nicht nutzen.
Seneca

„Sei du selbst die Veränderung, die du dir wünschst für diese Welt."
Mahatma Gandhi

„Zwischen Hochmut und Demut steht ein drittes, dem das Leben gehört, und das ist der Mut."
Theodor Fontane

Korinther 13

4 Die Liebe ist langmütig, die Liebe ist gütig. Sie ereifert sich nicht, sie prahlt nicht, sie bläht sich nicht auf.

5 Sie handelt nicht ungehörig, sucht nicht ihren Vorteil, sie lässt sich nicht zum Zorn reizen, trägt Böses nicht nach.

6 Sie freut sich nicht über das Unrecht, sondern freut sich an der Wahrheit.

7 Sie erträgt alles, glaubt alles, hofft alles, hält allem stand.

8 Die Liebe hört niemals auf.

Mensch-Sein… heißt Sinn verwirklichen

Ist es dem Menschen möglich, einfach vor sich hin zu leben? So wie Pflanze und Tier leben? Oder gibt es ein Darüber-hinaus? Was macht den Mensch zum Menschen?

Sind die Emotionen das Spezifikum? Nun, wir wollen auf die Befindlichkeit des Anderen Rücksicht nehmen, ihm mit Wertschätzung begegnen. Und doch: Der Mensch ist mehr als ein evolutionär weiterentwickeltes Tier. Nicht graduell ist der Unterschied, sondern substanziell.

Beispielsweise ist da eine Frau, die sich voll hineingibt in eine Aufgabe; ein Werk, das einfach an der Zeit ist – denn jetzt geht es um alles: um die Rettung der Menschheit. All ihre geistigen Kräfte und seelischen Energien bringt sie ein in das Projekt; stellt sich tapfer den vielfältigen Widerständen; erträgt sogar dumme und sinnlose Nachreden.

Ihr geht es um Mehr, um Anderes; um Höheres als alle zweckorientierten Handlungen je erreichen könnten. Viele Zweckhandlungen enthält unser Leben: Will ich nach Buxtehude fahren, wähle ich die Mittel, diesen Zweck zu erreichen. Doch wer der bedrohten Menschheit die Bedingungen einer würdigen Existenz sichern will, verwirklicht keinen Zweck, sondern ein Sollen. Das heißt „Sinn-Orientierung". Und das macht den Mensch zum Menschen. – Chapeau!

Dr. Daniel Langhans

Preface

The individual barters some elements of personal freedom for the benefits of society. Heretofore, the roles and benefits of society have been controlled by the elite class and the masses acceded to the control by the elite due to reduced access to education, material resources, and information which was throttled by the elite class to reduce the intellectual competition from the masses threatening the control by the elite classes. Today we have welfare recipients checking on their governmental benefits via smartphones which also afford access to globally available information. The control of breadth and depth of information by the elite classes is diminishing at a rapid pace. As the masses learn that the elite classes have dissembled and further enriched themselves at the expense of the society, the terms of the barter of personal freedoms for benefits of society are changing. The revolutions of the 18th century in the Western societies were a major inflection point but focused mainly on the relationship of the governed with their government. The 21st Century appears to be another major inflection point but this time everything from theism, nationhood, family, health, science, commerce, and more are on the table. We must reconsider classic verities, reformat ancient questions and open up to clear thinking unbridled by old boundaries.

Robert Snibbe (USA -FL)

Grundgesetze §1-20

Menschenwürde

Würdevoll miteinander umgehen,
den anderen sehen.
Versuchen zu verstehen

Sich gegenseitig begreifen,
aneinander reifen,
seine Ecken und Kanten schleifen

Frieden und Gerechtigkeit in der Welt,
die die Würde an erste Stelle stellt
und die Unverletzbarkeit in der Hand hält

Die Menschheit schafft
in jeder Gemeinschaft
die ehrenwerte Kraft

Unantastbar
und wahr
Ist wohl klar!!!

Art 1
*(1) Die Würde des Menschen ist unantastbar. Sie zu
achten und zu schützen ist Verpflichtung aller
staatlichen Gewalt....*

Das Individuum

Die eigene Entfaltung
Frei zu gestalten
Frei zu walten

Das Recht zu leben
Frei zu agieren
Frei zu kreieren

Achten der Persönlichkeiten
Frei zu denken
Frei zu lenken

Utilitarismus für alle
Frei zu finden
Frei zu verbinden

Die Menschlichkeit im Sein
Frei zu streben
Frei zu leben

Art 2
(1) Jeder hat das Recht auf die freie Entfaltung seiner
Persönlichkeit, soweit er nicht die Rechte anderer
verletzt und nicht gegen die verfassungsmäßige
Ordnung oder das Sittengesetz verstößt....

Gleichberechtigung

Ob Mann,
der so viel kann.
Ob Frau,
die ganz schlau

Wir sind alle Lebewesen
und fressen einen Besen,
wenn wir Diskriminierung sehen.
Was wir so null verstehen,
denn wie sind alle gleich
unter dem Himmelreich.
Egal welche Sprache wir sprechen
Die Nächstenliebe hat unser Versprechen,
und dafür stehen wir auf,
und nehmen vieles in Kauf.
Behindert sind wir alle
in unserem Menschenstalle,
denn lernen dürfen wir jeden Tag.
Erleuchtet nicht auf einen Schlag
und egal was wir aufsaugen,
jeder sieht mit anderen Augen.
Leben und leben lassen
in allen verwinkelten Gassen

Art 3
(1) Alle Menschen sind vor dem Gesetz gleich....

Bekenntnisse

Jeder soll glauben was er will
Ob laut und singend oder still
Der eine glaubt an nichts
Der andere an Gott
Der dritte an Allah
Und der vierte an Manitu
Und jeder soll seine Freiheit haben
Und sich an seinem Glauben laben

Wehrdienst oder Sozialdienst
ist an der Gemeinschaft ein Dienst.
Doch zu den Waffen gezwungen zu werden
Ist ein totales Unding,
denn der Pazifist will nicht töten,
auch hier ist Achtsamkeit angesagt.
Jeder ist seinem Gewissen verpflichtet
und wird nicht vom Außen gerichtet

Art 4
(1) Die Freiheit des Glaubens, des Gewissens und die
Freiheit des religiösen und weltanschaulichen
Bekenntnisses sind unverletzlich....

Freiheit

Zu hinterfragen
Nicht ja und Amen sagen
Wer? Wie? Wo? Was? Warum?

Zu seiner Meinung stehen.
Seine eigene Sicht sehen.
Wer? Wie? Wo? Was? Warum?

Besonders auch der Journalist,
der der Meinungsbildner ist.
Wer? Wie? Wo? Was? Warum?

Hinter die Kulissen blicken
aus freien Stücken.
Wer? Wie? Wo? Was? Warum?

Jegliche Zensur
deutet auf Diktatur.
Wer? Wie? Wo? Was? Warum?

Kunstfreiheit und offene Wissenschaft
Freie Lehre mit aller Kraft
Wer? Wie? Wo? Was? Warum?

Kinder und Jugendliche Raum lassen,
sie schützen in noch so verruchten Gassen
Wer? Wie? Wo? Was? Warum?

Offene und unterschiedliche Quellen
jedem einzelnen zur Verfügung stellen.
Wer? Wie? Wo? Was? Warum?

Und die, die Lügen wie gedruckt,
gehören mit Aufrichtigkeit angespuckt.
Wer? Wie? Wo? Was? Warum?

Art 5
(1) Jeder hat das Recht, seine Meinung in Wort, Schrift
und Bild frei zu äußern und zu verbreiten und sich aus
allgemein zugänglichen Quellen ungehindert zu
unterrichten. Die Pressefreiheit und die Freiheit der
Berichterstattung....

Familie und Erziehung

Schon Marx und Engels habe daraufhin gewiesen,
wie wichtig die Familie ist.

Nur manchmal kommt es zum Eklat
oder Menschen sind dafür nicht bereit.

Im ersten Schritt erziehen die Eltern, wenn es klappt,
wenn nicht dann kommt der Staat ins Spiel.

Jede Mutter und jeder Vater erhält Unterstützung,
da die Gemeinschaft im Miteinander lebt.

Kinder die aus einer Laune entstehen
sind ebenso wertvoll wie Kinder die aus der Liebe .

Kinder sollen auch immer bei der Familie sein,
nur wenn Arges droht ist die Gemeinschaft da.

Familie in Harmonie
ist die gemeinschaftliche Poesie.

Art 6
(1) Ehe und Familie stehen unter dem besonderen
Schutze der staatlichen Ordnung....

Schulwesen

Am richtigen Schulwesen
kann die Gemeinschaft genesen,
da ist noch einiges im Argen
und macht uns viele Sorgen.

Eigentlich setzt man aus die Saat,
um den Kindern Wissen zu vermitteln.
Doch was macht uns Staat
mit all unseren finanziellen Mitteln
Nichts gscheids kann ich nur sagen,
denn auswendig lernen macht keinen Sinn
und dem Vorgekauten hinterher zu jagen
ist alles andere als ein Gewinn

Interesse zum Erfinden sollen wir wecken
Ins Abenteuer die Köpfe stecken
und frei im Diskurs zu entdecken,
das ist es was wir bezwecken

Art 7
(1) Das gesamte Schulwesen steht unter der Aufsicht des
Staates....

Versammlungsrecht

Menschen haben unterschiedliche Ansichten
und wenn die Regierung der Wahnsinn reitet
und den falschen asozialen Weg beschreitet,
muss der Souverän die Politiker unterrichten
Ihnen den Spiegel vorhalten
All den politischen Gewalten.

Diese Meinungsäußerung muss man nicht anzeigen.
Warum auch, da sie ja friedlich sind
und als denkender Mensch darf man nicht schweigen.
Sonst kommt Diktatur geschwind
Wir wollen keine Demokratiewürger
Denn wir sind mündige Bürger

Wir gehen auf die Barrikaden
Mit Love and Peace Paraden

Art 8
(1) Alle Deutschen haben das Recht, sich ohne
Anmeldung oder Erlaubnis friedlich und ohne Waffen zu
versammeln….

Vereine bilden

Parteien sind auch Vereine,
aber Repressalien haben sie keine,
denn im Paragraph hundertneunundzwanzig
Es ist geradezu wahnsinnig
Werden sie aller Schuld und Sühne enthoben.
Da im §37 des Parteigesetzes wird erhoben,
dass der §54 des BGBs nicht gilt.
Was wie ein Strafverneinungsschild
alles unlauteres Handeln zum Freispruch führt.
Was beim Souverän natürlich Unmut schürt.
Wie kann es sein, dass Politiker die Straftaten begehen,
mir nichts dir nicht den Rechtsstaat umgehen.
Da muss man was dagegen machen,
dass solche verbrecherischen Sachen
und wirkliche angemessene Beschwerden
unter den Tisch gekehrt werden.
Das geht gar nicht
und gehört vor Gericht

Art 9
(1) Alle Deutschen haben das Recht, Vereine und
Gesellschaften zu bilden....

Es ist doch immer wieder nett,
dass Beschränkungen ganz kokett.

Natürlich hat alles seine Ordnung
zum Schutze der freiheitlichen demokratischen
Grundordnung
Infektionen sind da gerade total in,
denn sie unterstützen den Irrsinn

Sicherheit ist steht über allem
und Freiheit ist im Fallen

Die Gründungsväter haben es sicherlich gut gemeint
und wussten, dass nicht alles Gold ist, was scheint

Art 10
(1) Das Briefgeheimnis sowie das Post- und
Fernmeldegeheimnis sind unverletzlich….

Reisefreiheit in Deutschland

2020 hat es schön gezeigt
was eine Pandemie so alles kann

Meck-Pomm ne große Sache!
Erst durften wir nicht rein
dann wurden wir rauseskortiert.
Das war ehrlich richtig fein.

Was so die Rosen mit ihrem Duft bewirken,
da steht die Polizei gleich stramm
Frauenbusfahrten sind was ganz Besonderes,
da hält der Staat nicht hinterm Damm.

Jetzt ist es ja schon eine Straftat,
wenn man in ein anderes Bundesland reist
und es ist natürlich ein Attentat,
wenn man seine Meinung öffentlich sagt.

Wirklich sehr bedauerlich,
der Umgang mit so manchen Grundgesetzen

Art 11
(1) Alle Deutschen genießen Freizügigkeit im ganzen
Bundesgebiet....

Recht auf Berufswahl

Jeder kann seine Energie in das stecken
Wo sie ihre Stärken sieht

Wir können frei studieren.
Wir können uns probieren.

Nur wenn wir uns schützen müssen
und veraltete Strukturen einfallen,
dann ist jeder einzelne gefragt

Für die Freiheit stehen wir zusammen.
Für die Freiheit geben wir Kraft.

Hier sei gleich mal angemerkt,
dass die Wehrpflicht ganz gut ist,
denn man kann ja auch einen sozialen Dienst
an der deutschen Gemeinschaft machen

Demokratie kann nur gemeinsam funktionieren.
Demokratie kann nur im Austausch existieren.

Art 12
*(1) Alle Deutschen haben das Recht, Beruf, Arbeitsplatz
und Ausbildungsstätte frei zu wählen….*

Unverletzlichkeit des Heims

Nun, wenn einer Bomben baut
und an Zerstörung glaubt,
dann muss man eingreifen
und nach anderen Mitteln greifen

Aber hier möchte ich anmerken
und auch die wirklichen Ärzte stärken,
denn die ehrenwerten Menschen der Ärzteschaft
brauchten dieses Jahr besonders viel Kraft
Bei ihnen wurde eingefallen und mitgenommen.
Zu was sind heutzutage die Beamten verkommen?

Die schwere Straftat heißt Hippokrates Eid
und das Einstehen für unsere Freiheit.
Mitmenschen zu helfen und Atteste ausstellen
und sich sein ärztliches Urteil fällen.

Aber auch Richter werden angegangen.
Die Rechtstaatlichkeit scheint vergangen.

Grundrechte sind wichtig
Wahrhaftigkeit ist richtig

Art 13
(1) Die Wohnung ist unverletzlich.

Eigentum ist menschlich

Da hat der Staat auch nichts verloren,
denn es ist uns geradezu angeboren.
Schon in der kindlichen Phase
kommt der Besitz zur Ektase.
Meins und deins erkennen
und es für sich benennen.

Eine Enteignung ist nur zum Wohle der Allgemeinheit
zulässig,
ist für mein Dafürhalten absolut fahrlässig.
Gesetze müssen der Zeit angepasst werden
Besonders hier auf Erden

Es ist ein Handel
Mit dem Wandel

Art 14
(1) Das Eigentum und das Erbrecht werden
gewährleistet. Inhalt und Schranken werden durch
die Gesetze bestimmt.

Art 15
Grund und Boden, Naturschätze und Produktionsmittel
können zum Zwecke der Vergesellschaftung

Meine Heimat, mein Staat

Meine Heimat sind die bayrischen Berge.
Meine Heimat ist die liebende Welt.
Meine Heimat sind die achtsame Menschen.
Meine Heimat ist die wahre Demokratie.
Meine Heimat sind die strahlenden Sterne.
Meine Heimat ist das gute Leben.

Mein Staat ist führsorglich.
Mein Staat ist ehrenwert.
Mein Staat ist unterstützend.
Mein Staat ist gebend und fordernd.
Mein Staat ist für seine Bürger.
Mein Staat ist weitsichtig.

Der Staat
Die Saat
für den Baum der Gemeinschaft

Die Heimat
Die Saat
für den Baum der Gesellschaft

Art 16
(1) Die deutsche Staatsangehörigkeit darf nicht entzogen werden….

Gehör finden

Lausche Lausche
Ich plausche
Von der Freiheit zu denken
und sein Leben selbst zu lenken

Volksentscheide müssen kommen
Viele Politiker sind verkommen
Deswegen müssen viele entscheiden,
um Totalitarismus zu vermeinen.

Wehrpflicht finde ich gut
Es formt den menschlichen Mut
Und auch die, die Sozialdienste machen
können Großartiges entfachen

we will fight
for our right
with love and happiness,
till we will meet our success

Art 17
Jedermann hat das Recht, sich einzeln oder in
Gemeinschaft mit anderen schriftlich mit Bitten….

Bundesverfassungsgericht

Wenn Richter von der Regierung bestellt werden
und alle gerichtliche Beschwerden
nicht mehr für den Souverän entscheidet
und ehrenhaft das Amt begleitet,
dann läuft was völlig schief und aus den Rudern,
da können wir die Oligarchie pudern,
und der Rechtsstaat ist ein Staat ohne Recht
und wird der Demokratie nicht gerecht

Infektionsschutz über alle Grenzen
Mehr und mehr totalitäre Tendenzen

Gewaltenteilung ist verschwunden
hat die Machtgier gefunden

Wie lange noch?
Wo ist das Schwarze Loch,
was die Negation aufsaugt,
die nichts mehr taugt.

Art 18
Wer die Freiheit der Meinungsäußerung, insbesondere
die Pressefreiheit (Artikel 5 Abs. 1),....

Grundrecht oh Grundrecht

Pandemien ne klasse Sache
Das ich nicht lache
Was wird die Nächste sein
Klimaschutz wie fein

Bald sind wir in chinesischen Strukturen
und auf dem Diktaturspuren

Der AHA Effekt lässt auf sich warten.
Der Politiker spielt mit falschen Karten.
Das Blatt wendet sich schon bald
und kommt in Wahrhaftigkeitsgestalt.

Bald sind wir in ehrenwerten Gesellschaften
und den positiven Eigenschaften

Denn Lügen haben kurze Beine.
Das Gute zieht die Sicherheitsleine
und die ganzen armen Psychopaten
werden sich selbst verraten.

Art 19
(1) Soweit nach diesem Grundgesetz ein Grundrecht
durch Gesetz oder auf Grund eines Gesetzes
eingeschränkt werden kann,….

Recht zum Widerstand

Wenn Politiker ihren Job nicht richtig machen
hat das Volk das Recht nein zu sagen
und sie aus dem Bundestag zu jagen.

Denn die Staatsgewalt geht vom Volke aus
und jede Propaganda zur Totalität
ist für die Gemeinschaft keine Realität

In Deutschland merkt man es gerade ganz genau
Die meisten regierungsnahen Protagonisten
framen gegen jegliche kritischen Aktivisten

Hier muss gesagt sein, dass die deutsche Masse
Selbstbestimmung noch lernen muss
Kriminelle Tendenzen sind nun Schluss

Gott sein Dank gibt es viele wache Geister,
die jetzt den ganzen Sumpf aufdecken.
Lange genug konnten sie sich verstecken

Art 20
(1) Die Bundesrepublik Deutschland ist ein
demokratischer und sozialer Bundesstaat.
(2) Alle Staatsgewalt geht vom Volke aus….

Grundgedanken der positiven Perspektive

Wiki Leaks

In what a world do we live
Where open journalism is called leaking

In what a world do we walk
Where corruption is the have to do thing

We will scrutinize everything
and reveal and find the darkest corners

We will scrutinize everywhere
and discover the truth in the end

Everybody has the duty to stand up
for a better and peaceful world

Everybody has the right to claim
to have a government for the people

Those who are selfish and in pain
need to be finger pointed for their good

Those who live at other people's expenses
have to have the possibility to self-assess

Julian Assange stood up for openness
And was forced to be silent

Julian Assange fought for disclosure
And is still taken into custody for what

Here to those politicians who live insane:

You might break the scroll
But you never will break the soul

You accumulate your sin by sin
But humanity will always win

Good shall triumph, you will see
and you will have to pay your life`s fee

The Corbett Report

The Corbett Report is an independent,
listener-supported alternative news source.
It scrutinizes deep and intelligent
and operates on the principle of open source

An award-winning investigative journalist,
James Corbett has lectured on geopolitics
An open-minded world audience and realist
Putting point together in international politics

Real journalism is essential
for any kind of democracy
and seriously deeply crucial
against any kind of autocracy

All field are important
and putting points together
and sometimes it is apparent
and not only a blether

THAT IS JOUNALISM

KenFM

Schon ein alter Hase
mit einer guten Spürnase
Kritisch durchleuchten
Denken befeuchten,
damit es wachsen kann
gegen den Zauberbann.
Offener Diskussionen
Aufdecken von Missionen
Ehrliche Berichtserstattung
Weiträumige Hirnbegattung

Was gesagt werden muss
Mit Lügen ist jetzt Schluss
09/11 oder Bankenwesen
In der Hand der Fragebesen
Wissen zu erlangen
Informationen einfangen
Immer stets aktiv
Manchmal auch impulsiv
Frei von Korruption
Aufrichtige Publikation

Gegen den Strom schwimmen
Den Geist stets trimmen
Wachsam schauen
Es sich auch trauen
Der Wahrheit auf der Spur
Journalismus in Reinkultur

„Der Gebrauch von Pflanzenöl, als Kraftstoff, mag heute unbedeutend sein. Aber derartige Produkte, können im Laufe der Zeit, ebenso wichtig werden, wie Petroleum und diese, Kohle-Teer-Produkte von heute." Rudolf Christian Karl Diesel

Es gibt eine besondere Kraft,
die sich entfaltet, wenn Menschen zusammenwirken.
Kooperative Selbstverwaltung schafft
und kann das Gemeinwohl fördernd stärken.

Rudolf Diesel war der Vordenker
technisch begabt und wirtschaftlich versiert
war ein selbstbestimmter Lenker
und in vielerlei Hinsicht hat er Neues kreiert

Kooperation auf allen möglichen Ebenen
denn wir sind Menschen mit empathischen Wesen
wir spielen in verantwortlichen Arenen
einfach nur mal bei Elinor Ostrom nachlesen.

Man fängt im Kleinen an im Lokalem,
hier seine eigene Insel erst mal zu fördern
erst dann geht weiter zum Globalem,
um für alle anderen ihr eigenes Glück zu fordern

Forschung und Entwicklung sind essenziell
Nur mit dem Blick nach vorne können wir bewirken
Es geht nicht von heut auf morgen so schnell,

sondern es ist ein unentwegtes Zusammenwirken.
Die Freiheit im Geist, die Gleichheit im Recht
und die Brüderlichkeit in der Wirtschaft
sind Voraussetzungen für wahre Gerechtigkeit
aus der man die Kraft erschafft

Eigeninitiative und Engagement sind Eckpfeiler
und Geld ist ein gutes Tauschmittel
Man braucht hier auch ehrenwerte Verteiler
Für jeden Macher seine Eigenmittel.

Mutigmacher

Mut, Mut, Mut
Tut gut
Erhellt den Geist
Die Angst verweist
Eine Plattform
Gegen die Norm
Freiheit das Fundament
Was jeder kennt
Deutschland im Notstand
Wir reichen die Hand
Zeigen Perspektiven
Unterstützen Initiativen
Wir sind offen
Im Herzen das Hoffen

Mut, Mut, Mut
Tut gut
Für das Leben
Unser aller Streben
Offene Arme
Für Reiche und Arme
Whistleblower sind wichtig
Aussprache ist richtig
Mutig machen
Wieder lachen
Das Sein genießen
Gegen den Strom fließen

Mut, Mut, Mut
Tut gut
Die Wahrheit erkennen
Sie beim Namen nennen
Wir werden immer mehr
Im Menschlichkeitsmeer
Bleibt nicht stumm
Das wäre dumm
Gegen jeden Schmerz
Nehmt euch ein Herz
Wir verändern mit der Kraft
Die Neues schafft
Er ist so gut
dieser Mut

Lehrer für Aufklärung

„Die schlimmste aller Ketzereien war der gesunde Menschenverstand" Georg Orwell

Lehrer ist ein wundervoller Beruf
Sie oder er folgt einem inneren Ruf
Wissen weitergeben zu dürfen
Nach der Wahrheit zu schürfen.

Das deutsche Bildungssystem braucht,
immer noch Preußisch angehaucht,
eine gravierende Veränderung und bald
und endlich wieder echte Freiheit.

Eine wachsende Zahl an Lehrern leidet
unter den Corona Maßnahmen und bekleidet
kritische Stellung zu dieser Situation
und so mancher greift zur Remonstation.

Maskenbefreite Kinder werden ausgeschlossen
und sind allein daheim ganz verdrossen
Selbst bei einem Insidenzwert von unser zehn
muss der Schüler mit Maske in die Schule gehen.

Wir vernetzen uns und stehen auf
und sehen hier einen falschen Ablauf
Soziale Spaltung muss vermieden werden
Es ist echt zum Verrücktwerden.

AHA hat einen neuen Sinn bekommen
und hat den Kindern ihr Vertrauen genommen
wir müssen sie vor unserem Staat schützen
wir sind der Kinder wichtige Stützen.

Wenn der Staat nicht mehr für den Bürger ist
ist es halt echt ein großer Mist
Da muss man einfach was machen,
damit die Kinder wieder lachen.

Unserer Verantwortung kommen wir nach
und kämpfen gemeinsam gegen dieses Ungemach
dieses unmenschliche grausame Vorhaben
denn wir wollen wieder unsere Freiheit haben.

§ 12a Vereidigung "Ich schwöre bei Gott dem Allmächtigen und Allwissenden, die verfassungsmäßige Ordnung zu wahren und die Pflichten eines Rechtsanwalts gewissenhaft zu erfüllen, so wahr mir Gott helfe."

Unabhängige und unparteiliche Rechtsanwälte
machen es sich zur Aufgabe
das ganze öffentlich-rechtliche Gehabe
aufzuzeigen wie es sich wirklich verhält

Massiven Rechtsverletzungen, die gerade en vogue sind,
wird mit juristischem Sachverstand zu begegnen,
viele von ihnen sind mit einem großen Herz gesegnet
und agieren gegen Unrecht ganz geschwind

Die freiheitlich-demokratische Grundordnung
ist derzeit in wirklicher Gefahr
man glaubt es kaum, aber es ist ernsthaft wahr
wir haben eine verwerfliche Regierung

Die Beeinträchtigung von Bürgerrechten ist voll hipp
Durchsuchungen der Wohnungen von Kritikern
steht ganz vorne bei den jetzigen Politikern
die sind echt gerade auf einem echt kranken Trip

Dieser Umstand gebietet es den Juristen und Juristinnen
solche zweifelhaften Eingriffe zu hinterfragen,
denn es hat hier bereits 12 Uhr geschlagen

und wir müssen diesem Wahnsinn schnell entrinnen

Die Executive hat die Gewaltenteilung außer Kraft
gesetzt
Die Judikative wurde zu ihrem Handlanger
und stellt unschuldige Menschen an den Pranger
Ja und die Menschenwürde tausendfach verletzt

Gegen diese Art von Restriktionen
sind die Anwälte auf den Barrikaden vor Gericht,
denn ernsthaft, so geht das nicht
das sind doch irrsinnige totalitäre Visionen

Die Würde des Menschen ist unantastbar.
Das ist hoffentlich jedem klar
Und jeder der diese mit Füssen tritt
Macht einen groben Fehltritt

Die Strafe wird nicht lange auf sich warten lassen
Die Anwälte kriegen alle irgendwann zu fassen

Ärzte für Aufklärung

Meine Verordnungen werde ich treffen zu Nutz und Frommen der Kranken, nach bestem Vermögen und Urteil; ich werde sie bewahren vor Schaden und willkürlichem Unrecht. (Auszug aus dem Hippokrates Eid)

Abweichende Meinungen wurden kriminalisiert
Ehrenhafte Betriebsärzte geradezu defamiert
Entzug der Approbation gefordert und durchgezogen
Die Qualitätsmedien haben perfekt gelogen

Mensch das nenne ich mal Totalitarismus
und gepaart mit dem kranken Transhumanismus
Da brauchen wir gute Ärzte zur Diagnose
und zur effizienten Heilungsprognose

In was für einer Welt leben wir gerade
Echt ich finde es unheimlich schade
Wie kann man gegen Heilen vorgehen
Hier kann nur Destruktion entstehen

So haben sich die Ärzte zusammengeschlossen
und die Ehrenhaftigkeit ist hochgeschossen
Denn wissenschaftlichen Diskurs muss es geben
nur so kommt es zum Erkenntnisstreben

Viele Ärzte haben jetzt auch Angst bekommen
Viele Menschen haben sich das Leben genommen

Die Spezies Mensch zerstört sich gerade intern
Das haben die Eugeniker ja ganz gern

Das alles ist einer Demokratie nicht würdig!
und die Aufklärung bewundernswürdig
Wahrhaftige Ärzte stellen sich entgegen
Bei Schnee, Sturm, Donner und Regen

Polizisten für Aufklärung

"Ich schwöre, das Grundgesetz und alle in der Bundesrepublik Deutschland geltenden Gesetze zu wahren und meine Amtspflichten gewissenhaft zu erfüllen, so wahr mir Gott helfe."

Polizist sein in dieser Zeit
ist eine Herausforderung ohne Ende,
denn momentan gib es weit und breit
nimmt die Propaganda kein Ende.

Polizisten sind ja normalerweise für den Souverän
Er beschützt und ist für den Frieden
Doch momentan ist das Schiff ohne Kapitän
und das Ehrbare wird vermieden

So haben sich einige Polizisten zusammengetan,
um hier ein Zeichen zu setzen
und diesem epidemischen Wahn
die Stirn zu bieten und dagegen zu hetzen.

Sie versuchen aufzuklären in den eigenen Reihen
Ihren Kollegen ihre Aufgaben zu zeigen,
denn sie alle haben auf einen Eid geschworen
und die Gerechtigkeit zum Himmel erkoren

Remonstration heißt hier das Zauberwort
Wahrhaftigkeit bei jedem Rapport
Sich nicht reinziehen zu lassen
In die dunklen Verbrechergassen.

Sich selbst treu zu bleiben
Geschichte zu schreiben,
als Polizisten für den Bürger
und nicht als Staatswürger

Polizisten für Aufklärung
Für Verhältnismäßigkeit und Ordnung
Dem Berufstand Ehre zu zollen
mit all seinem Herz und Wollen

Eltern stehen auf

Eure Kinder sind nicht eure Kinder.
Sie sind die Söhne und die Töchter der Sehnsucht
des Lebens nach sich selber.
Sie kommen durch euch, aber nicht von euch,
Und obwohl sie mit euch sind, gehören sie euch doch
nicht. Khalil Gibran

Eltern haben die Obhut gegenüber ihrer Kinder,
sie haben ein Geschenk bekommen

Eltern haben die Verantwortung
ihren Kindern ein sicheres Leben zu garantieren

Eltern haben das Glück
ihren Liebsten Liebe zu geben

Eltern haben die Freude
ihre Liebsten aufwachsen zu sehen

Eltern sind nur Beschützer
für eine gewisse Zeit des Wachsens

Eltern sind Ideengeber
für eine junge Seele zur Entfaltung

Eltern sind Unterstützer
für die freie Entwicklung des Kindes

Eltern sind Begleiter
für die ersten Jahrzehnte des Seins

Eltern müssen ihre Kinder schützen
vor jedem Verbrechen und jeder Gewalt

Eltern müssen ihre Kinder absichern,
um ihnen eine glückliche Zukunft zu geben.

Menschlich Wirtschaften

„Die Menschheit ist zum Spezialistentum in Wissenschaft und Arbeit gelangt; heute verlangen die Teile zu ihrem eigenen Heil die Vereinigung zu einem Ganzen." Rudolf Steiner

Wirtschaften miteinander
auf einem gemeinsamen digitalen Marktplatz
Dienstleistungen auf Provisionsbasis ratz fatz
für den Tausch- und Schenkraum.

Assoziationen vernetzen, entwickeln und steuern
gemeinsamer Ziele definieren und unterstützen
damit dem eigenen Zahlungssystem nützen
einfach ein wirtschaftlich-solidarischen System

Vielleicht eine eigene Bank gründen
Unterstützung der Selbsthilfe für alle
Raus aus der ewigen Wachstumsfalle
 Krisensituationen gemeinsam meistern.

Wissensvermittlung für alle Bürgern
und Sozialen Dreigliederung etablieren,
um positive Entwicklung zu kreieren
der Souverän steht im Vordergrund.

Sozialen Wohnraum schaffen
Generationen übergreifend leben
Sich gegenseitig Wissen geben
Im wir Aktionen vorantreiben

Alte nicht zum alten Eisen legen,
sondern mit einbeziehen
am selben Strang ziehen
Wertschätzung für jeden Einzelnen

Mit Lebensgrundlagen behutsam umgehen
Spekulationen auf Wasser und Essen vermeiden
Es soll niemand an Hunger leiden
Die Genossenschaft sie erschafft

Honk for Hope

Busfahrer stehen auf
Nehmen Repressalien in Kauf
Derer gab es zu Hauf

Ehrlich muss man sein
Im Herzen unschuldig und rein
Achtsam und fein

Busse verbinden Kulturen
Sie fahren auf den Ahnenspuren
Auf denen wir alle fuhren

Hupen für die Hoffnung,
denn diese wahnsinnige Corona Ordnung
bringt nur schreckliche Zerstörung

Für die Freiheit fahren
Wider allen noch so vielen Gefahren,
damit die Wahrheit alle erfahren

So tönt die Wahrhaftigkeit
Für unser aller Menschen Freiheit
Und bald kommt die positive Zeit

Mediziner und Wissenschaftler für Gesundheit, Freiheit und Demokratie

Ärzten und anderen medizinisch tätigen Personen
Wollen mit Wissenschaftlern zusammen
In einer besseren Welt wohnen

Das gesundheitliche und soziale Wohl,
um der Bevölkerung zu dienen.
Gegen den Wahnsinn der ist so hohl

Parlamente können uns um Rat fragen
Wir bekennen uns uneingeschränkt zum Grundgesetz
und werden unsere Ideen preisgeben und sagen

Offenen und sachlichen Diskussion,
und eine vernunftorientierte Meinungsbildung,
das ist unsere gemeinsame Vision

Wir bekunden Solidarität
zum Leben und zur Menschlichkeit
für eine ehrenwerte Realität

Wir bemühen uns um die ideelle Unterstützung
Gleichgesinnter, die sich zur Bekundung ihrer Solidarität
auf unserer Webseite eintragen können.

Noch nie in der Geschichte der Medizin
hat eine Impfung so zerstörerisch gewirkt
wie Feuerfunken für Benzin

Es ist unsere Pflicht
als Mediziner und Wissenschaftler
aufzuklären mit klarer Sicht

Mit dem neugegründeten Institut
Führen wir histologischen Untersuchungen durch
und entfachen die Realitätsglut

World Freedom Alliance

To promote freedom for all
We will install
real democracy
in our society

To find freedom on this planet
We also use the internet
to connect everywhere
and ideas to share

To support freedom today
We have to say
love and happiness
will be our success

To implement freedom forever
We need to be clever
and definitely start
to think with the heart

We inspire freedom
We inspire openness
We inspire courage
We inspire glee
We inspire you
We inspire us
We inspire all

Querdenken

„Es gibt zwei Wege für den Aufstieg: entweder man passt sich an oder man legt sich quer."
Konrad Adenauer

Eine Initiative für die Freiheit
Menschenwürde und Gerechtigkeit
Die dann aufgestanden ist,
als ehrbarer Protagonist

Der menschliche Weg nach vorne
mit fassungslosem und geballtem Zorne,
hat Millionen Menschen angezogen
und sie alle haben Stellung bezogen

Die Menschenfamilie, das sind viele
und sie haben alle die gleichen Ziele!
Arbeit zu haben und zu genießen
und damit das Leben zu begießen

Demonstrationen sind das Sprachrohr
und für die Bürger das Meinungstor.
Im Grundgesetz ist es Artikel Acht,
der hier beim Staat Schlagzeilen macht

Doch will das die Regierungsriege
und führt es überhaupt zum Siege?
Klar, denn wenn sich Millionen unwohl fühlen
kann man das einfach nicht so wegspülen

Millionen sind aber zu viel für den Staat,
und was hatte er gleich parat
ab ins rechte Eck
ganz schnell und keck

Die Medien lügen wie gedruckt
Das Gewissen auch manchmal zuckt
Doch egal man will den Job behalten
und damit seinen Lebensabend gestalten

Quer denken
Klar denken
Frei denken
Anders denken

Einfach denken und sein Leben lenken
und nicht sein Fähnchen nach dem Wind schwenken!
Achtsam sein in seinem eigenen Handeln
und damit zum Positiven verwandeln

Einen langen Atem, das haben wir
und es gibt ja noch den 20ig vier
Auf alle Fälle sind wir die gemeinsame Kraft,
welche letztendlich wirkliche Freiheit schafft

Wir denken QUER
Wir denken leicht und schwer
Wir denken WEIT
Wir denken für die Wahrheit
QUERDENKEN

Zorro Kenji Show

Herausfordernde Zeiten
sie sind bei weiten
sehr interessant zu betrachten
wie man sein eigenes Trachten
plötzlich neu gestaltet
und andere Gänge einschaltet
Ob Japanisch wie ein Samurai
denn es ist ganz einerlei
Ob mit dem Schwert in der Hand
oder mit scharfem Verstand
Man kämpft für das Gute
und schwingt die geistige Knute
Oder Mexikanisch wie die Maya
und man sagt zum Leben „JA",
indem man andere fragt
hört was der eine oder andere sagt.
Im Diskurs die Wahrheit evaluiert
und miteinander diskutiert
Offene Gespräche sind wichtig
Austausch der Gedanken richtig
So hat jeder seine Aufgabe
und nutzt seine innere Gabe
für die bedingungslose Freiheit
in dieser verrückten Zeit.
Die Show muss weiter gehen,
um die Welt divers zu sehen
und seinen Beitrag leisten
wie die meisten

Wiki Hausen

Wikipedia schreibt über Personen,
schon sehr interessante Informationen,
denn Unwahrheiten sind an der Tagesordnung.
Das gibt den Lügen mal so richtig Schwung.

Wegen dieser Pinocchio Realität,
wo jede Hoffnung schon zu spät,
kam Münchhausen auf der Kanone geritten
und deckt vieles auf mit schnellen Schritten.

Zu sehr brodelt der stinkende Topf
und Wikipedia versucht sich am eigenen Schopf,
herauszuziehen aus dem schönen Sumpf
leider nur ohne wirklichen Triumph.

Zu viel Münchhausen ist hier vertreten,
da kann man auch nur noch beten,
und Gehör wird man nirgends finden,
denn der Glaube ist am Verschwinden.

Wiki und die starken Männer sind gefragt,
der Wahrheit wird hinterher gejagt,
denn letztlich ist nur sie, die gewinnt
und zum Reigen des Sehens anstimmt.

Da muss die Geige fiedeln
und Unwahrheiten zersiedeln,
das Wahre wird immer obsiegen

und viele ihr Fett abkriegen.

Aus die Maus
im Kartenhaus
bald liegen alle auf dem Tisch
aufgedeckt und authentisch

Corona Ausschuss

It began in the year twenty twenty,
because there was aplenty
of misinformation all around
in this political playground.

The public-sector broadcaster
are right now a disaster
They just create angst and fear
supporting the finger pointing smear

So some great people said "NO,
that's not the way to go
we have to change this ignorance
and stand up for our independence."

Every week they invite experts
to show openly and adverts
the truth and what is in progress,
which is an emotional distress

They are the historians of today
and what is well underway
To reveal this horrendous crime
which is worldwide this time

They are the knights of this century
and address the truth to the jury
The audience is the human family
getting back their civil liberty.

Great work they do every week
They see behind the curtain and seek
The decade of discovery is in place,
creating for humanity a new space

dieBasis

Entstanden aus dem Widerstand
Mit der Wahrhaftigkeit in der Hand

2020 ein turbulentes Jahr
Eine neue Partei das war klar

Die eine hatte die Grundlagen gelegt
Wurde dann aber leider zersägt

Aus dieser Basis wurde dieBasis
Und alle hatten dieselbe Interessensbasis

Eine neue Partei hat sich geschaffen
In der Hand die Herzenswaffen

Mit den Bürgern zu gestalten
und in mit Achtsamkeit zu walten

Eine neue Partei ist entstanden
und hat die Freiheit verstanden

Wir alle Menschen sind wichtig
und so wundervoll vielschichtig

Eine neue Partei hat sich etabliert
und ist als Schwarm ganz couragiert

Wir alle formen unsere Welt
unter diesem schönen Himmelszelt

Eine neue Partei wird jetzt aufgebaut
wo jeder sich gegenseitig vertraut

Macht nicht ausgenützt werden kann,
denn wir alle fahren mit dem Wahrheitsgespann

Deutschland wird von uns alle regiert
und von uns allen inspiriert

Wir sind alle ein Teil von unserem Land
und haben die Gestaltung in der Hand

Der Demokratische Widerstand

Eine Truppe von offenen Individualisten
Gräbt sich bis zur Wahrheit vor
sie entlarven der Medien Propagandisten
Wer das nicht sieht ist ein Tor

Journalismus in Reinkultur
Auf der Entdeckerspur
Das Netz sieht alles wenn man schaut
Punkte verbindet und Brücken baut

Der Demokratische Widerstand
Hat die Wahrheit in der Hand
Er blickt hinter die Kulissen und deckt auf
Die Wirklichkeit ist jetzt im Ausverkauf

Kluge Köpfe mit empathischem Wesen
wollen informieren und hinterfragen
man muss halt zwischen den Zeilen lesen
und nicht nur Ja und Amen sagen

Die anderen Medienhuren
Brauchen wirklich Kuren
Die sind ja völlig verpeilt und blind geworden
Diese gekaufte Journalisten Horden

Der Demokratische Widerstand
Hat die Wahrheit in der Hand
Er blickt hinter die Kulissen und deckt auf

Die Wirklichkeit ist jetzt im Ausverkauf

Die Kämpfer für die Wahrhaftigkeit
Mit den Worten als ihre Waffen
Aufmerksam und aware zu jeder Zeit
Man muss halt mal richtig gaffen

Mit dem Herzen sehen und verstehen
Das ist des Pudels Sinn
Auf den Stufen der Ehrbarkeit gehen
Ist für jederfrau ein Gewinn

Der Demokratische Widerstand
Hat die Wahrheit in der Hand
Er blickt hinter die Kulissen und deckt auf
Die Wirklichkeit ist jetzt im Ausverkauf

An die Bundeswehr

Ihr seid die Helden der Nation
Und habt unser aller Freiheit als Mission

Manchmal müsst ihr in den Krieg
Und bringt den rechtschaffenen Sieg

Auf die Verfassung habt ihr geschworen
Mit allen rechtlichen Faktoren

Ihr lebt Wahrhaftigkeit und Loyalität
In all seiner Komplexität

Der freie Gehorsam für das Ehrbare
Für das Richtige und Wahre

Mit Bescheidenheit geben
Und sei es auch das Leben

Ihr verteidigt uns Bürger
Gegen alle Freiheitswürger

Für das ehrenwerte Bewusstsein
Mit all eurer Kraft und all eurem Sein

Mit eurer Kameradschaft
Seid ihr die positive Kraft

Ihr seid für das Gute auf Reisen

Mit militärischen Vorgehensweisen

Mit, einer für alle, alle für einen
Steht ihr auf standhaften Beinen

Wie die Musketiere in Deutschland
Schützt ihr das Volk mit kraftvoller Hand

Eurem Vaterland dienen
Ruhm und Ehre sich verdienen

Der Verantwortung gerecht werden
In allererster Reihe, hier auf Erden

Direkt in die Augen blicken
Sich gegenseitig freihalten den Rücken

Auch in schwierigen Zeiten
Seid ihr für das Recht die Einheiten

Wie ein Ehrenmann
Steht ihr euren Mann

Vor so viel Mut
Ziehen wir unseren Hut

Danke für eure Tapferkeit
Für Frieden und Freiheit

Des Teufels Anwälte - Arme Seelen

Verrückte Zeit
Hoffentlich bald Vergangenheit
Wir sind dran
den Wahn
in die Wüste zu schicken
und mit Liebe zu zücken

Rockefeller Foundation

Founded by Rockefeller and Gates
just one year before the first world war
what a coincidence

Founded the school of Hygiene and Public Health,
at the well-known Johns Hopkins University,
what a coincidence

Founded the Bureau of Social Hygiene,
the mission was birth control and sex education,
what a coincidence

Funded Nazi racial studies knowing that this research
was being used to rationalize the demonizing of Jews
what a coincidence

The primary financier for the Eugenics Record Office
To improve the genetic quality of a human population,
what a coincidence

Supported United Nations programs
like First Global Forum On Human Development,
what a coincidence

History goes on like that,
My ignorance I regret

Monsanto und Bayer AG

Jetzt habt und hattet ihr viele Klagen,
die gegen eure verwerflichen Taten
nach allen erhaltenen Analysedaten
zeigen, dass diese fundierten Grundlagen
für eure Genmanipulationen
und euren unlauteren Visionen
wohl doch nicht positiv sind
Man seid ihr wirklich so blind

Habt ihr denn je was von Permakultur gehört
und euch mal über euren Tellerrand gewagt
oder seid ihr innerlich so tief zerstört,
dass ihr nur noch euren Ideen nachjagt.
Zerstörung und Schwächung unserer Natur,
das scheint wohl die einzige Geistesstruktur
in der ihr euch völlig verrennt
und nicht anderes kennt

Lessons Learnt kommt sicherlich bald
und auch ihr müsst euch verantworten.
Kommt raus aus eurem eindimensionalen Wald
und sucht mal in eurem Herz die Antworten.
Finanzen sind nicht der wichtigste Aspekt,
sondern vor dem Leben Respekt,
denn das heißt es zu gestalten
und sein Hirn einzuschalten.

Bill und Melinda Gates Stiftung

Außen hui innen pfui
Was soll man dazu sagen?

Da hat ein Paar so viel Geld
und hat es zur Verfügung gestellt
Da denkt man doch nur großartig
und vermutet nix was bösartig.

Außen hui innen pfui
Was soll man dazu sagen?

Nun Eugenik und Bevölkerungskontrolle
spielt wohl eher eine große Rolle
Nun Impfungen für alle das satanische Ziel
Ist für diese ja auch nur ein Spiel

Außen hui innen pfui
Was soll man dazu sagen?

Denn in Indien und Afrika will sie keiner
Sie sind eher die Todesschreiner
Denn krankes Denken sitzt wahrlich tief.
Die Geister die man rief.

Außen hui innen pfui
Was soll man dazu sagen?
Das Karma liegt bei denen.

World Economy Forum

Our ability to harness and disseminate the new technologies of the Fourth Industrial Revolution (4IR) will play a key role in ensuring our recovery from the pandemic and the avoidance of future crises. However, if not directed with purpose, the 4IR has the potential to exacerbate inequality. We must take proactive steps to ensure technology adoption does not heighten abuse of power, bias, wealth disparities, exclusion and loss of livelihoods.

In 1971 established
and cutely published
as a not-for-profit foundation
and an independent organization

This is a miniscule minority
who have the moral and intellectual integrity,
as the heart of everything
what they visualize as their doing

But they support millions of destructive activities
and proclaim unhuman productivities
like providing a digital mental health innovation
which is contra-productive to our civilization

The fourth industrial revolution for example
is one of their great transhuman sample
which want to make a turn-arround
and does not take humans into account

Bilderberger

Wundervoll in Bilderberg
Treffen sich einflussreichen Personen
aus vielen Professionen
wie Wirtschaft, Politik, Militär,
aber auch Medien, Hochschulen, Hochadel
eigentlich okay da braucht's keinen Tadel
die Geheimdienste waren auch dabei

Ein Austausch der aktuellen Themen
In Politik, Wirtschaft und Gesellschaft,
damit man sich einen Überblick verschafft
und das natürlich nur als Privatperson
Es wird auch nie berichtet
keiner der Journalisten hat je was geschrieben
was wurde da hinter verschlossenen Türen getrieben
bei so hoher Prominenz, doch eigenartig

Als Idee sicherlich ganz gut
Nur wenn ein paar Personen denken
Sie könnten die anderen lenken
Dann läuft da was gewaltig schief
Kissinger, Ackermann, Rockefeller, Enders,
um nur einige zu nennen, alle sehr bekannt,
da liegt es doch auch auf der Hand,
dass hier die Ehrlichkeit fehlt

Ein Bild auf dem Berg – Teufelswerk?

IWF

Part I

Eine Sonderorganisation der Vereinten Nationen
Geschaffen als Bretton-Woods-Organisationen

Gerät ein Mitglied in Zahlungsschwierigkeiten
kann er zum IWF-Hilfsfond schreiten
und bekommt finanzielle Unterstützung
auf Zinsen basierende Auszahlung

Die Krugs daran sind oft die Zinsen,
da vergeht einem schnell das Grinsen

Die Chronik eines Raubzugs
wegen des Lugs und Trugs
da sind so manche echt getrieben,
das hat Ernst Wolff gut beschrieben

Moral Hazards beim IWF oft gesehen
Warum auch das Risiko verstehen
Man gibt ja Geld und blutet aus,
spielt gerne Katz und Maus

Der IWF hat an Vertrauen verloren
und sich dem Negativen verschworen

Unser Mitleid – die Seele schreit

Part II

Hilfe für Länder in Not, eine gute Sache
Aber was ist die Ursache
Denn das Ursache-Wirkung Prinzip
Wäre der richtige Tip

Und wer ist hier die führende Macht
Unter 189 Ländern, die dabei lacht
Das Vetorecht der USA sei hier genannt
Vielen anderen wird es %tual einfach aberkannt

Und wenn ein Land mal Geld genommen
Kann es auch schnell verkommen
Denn die Zinsen sind recht knackig
Selbstmorde in Süd Korea ganz schick

Wenn mal in den Fängen dieser Institution
Sieht sehr düster aus mit der Zukunftsvision
Man hat sich halt zwischen Pest und Cholera
entschieden
Und oft ist das eigene Land dann auf der Strecke
geblieben

Gut geframed ist halb gewonnen,
aber ist IWF dem Land auch wohlgesonnen
leider nein es geht hier nur um Geld
und nicht darum wer das Land bestellt

Freie Hand der IWF – den wenigen Staaten
Da brauchts kein langes Raten
Bereicherung im großen Stil
Das ist das angedachte Ziel

Luzifers Schergen

Rot ist das Schild
Offen ist das Gate(s)
Der Feller trägt Rock
Fauen machen Chi
Es trabt der Schwab
So hier auch das Ros
Ferkel isst ein M
Köder ein S
Ob ama es sieht
Macron*en* sind bitter
anLeyen kann man viel
Bär schiesst den Bock
Die Trude sagt au
Guterr hat es
La ist in der Garde
Georgi und Eva auch
Den ist Bi
Morri hat einen Son

In Wahrheit Fatal
Was Hat Ohren
In Bergen sind Bilder
Frieden dem Grünen

Und viele viele mehr
Die armen armen Seelen
Erlöse sie von dem BÖSEN

Starlink

If you can't reach the stars,
you have to shoot rockets
that's the dilemma of this project
this we have to interject

Freedom excessively restrained
The answer is Django unchained

Great space pollution
Not quite a great solution
Communication is with each other
Face to face to one another

Humanity will always win
It is our human origin

Space debris another outcome
and that just for a high income
Sorry but garbage in the space
has got here on earth no place

Technology might get out of hands
with those human ants

Great Reset

Klaus Schwab
Es endet bei jedem im Grab
Der Körper vergeht
und die Seele verweht

Deine Vision ist gegen die Menschlichkeit
und die Unterdrückung der Freiheit
Du tust uns wirklich leid

Armselige Gestalt und sehr verletzt
So hast du dich stetes gut vernetzt
und bist der Anerkennung hinterhergehetzt

Dein Great Reset ist gegen das Leben,
aber wir sind es die dir vergeben
und die Wahrhaftigkeit auf die Bühne heben

Jede Idee ist sicherlich zu betrachten
und der Souverän macht das Gutachten
denn man muss die Menschenwürde achten

Einfach von oben herab zu bestimmen
und sich seine Welt so hinzutrimmen
da melden sich die Kritikerstimmen

Drum bleib uns gestohlen mit deinem Ansinnen,
damit kannst du nicht mal einen Blumentopf gewinnen
und auch der Verantwortung nicht entrinnen.

WHO

Since World War II this organization exists as a part
of the United Nations to look after the humans
in regard of health and well-being in their hands
this was once a great and honorable start.

Is there an organization able to coordinate
every single landmark on this earth?
Even so we are one world, we must state,
that there are different times of dearth.

Whenever the power is in a single hand.
We have to understand,
that this is always the wrong way
and others have to pay.

It is subject to the whims of the nations,
that fund it and choose its leader
it seems there are power concentrations
and is not really a health pleader

The WHO was a member
of the Atlantic storm exercises
this we have to remember
this was a scenario of a crisis

Who is responsible for the health?
Who is financially supported by Gates?
Who is involved in scenarios like Event201?

Who is playing with the life's of others?
Who is WHO?

United Nations

Kinderrechte nichts mehr wert
Wir zücken unser Ehrenschwert
Und gehen dagegen vor
Zum Menschlichkeitstor
Denn Kinder sind unantastbar
Das ist doch klar

Zuerst war es nur ein Völkerbund
Nach dem ersten Weltkrieg ein Grund
Staaten zusammen zu bringen,
um auf den gleichen Wellen zu schwingen

Nach dem zweiten Weltkrieg
und der Alliierten Sieg
Kam der Wolf im Schafspelz,
der neue Zahnschmelz.

Klar gibt es auch da viele gute Geister
und versuchen sich als Nationenkleister.
Doch einige der Protagonisten
sind auf den Unmenschlichkeitslisten

Event 201 hat es uns gezeigt,
wohin sich die Elite neigt
und diese Organisation ist kräftig mit dabei
und vergibt den Destruktionsbrei

Verständlich ist es mir wirklich nicht,
denn wie steht man da vorm Jüngsten Gericht
Oder wie soll die Zukunft seiner Kinder sein,
nur Destruktion und Pain?

Jeder einzelne muss sich überlegen,
was er wirklich mag bewegen.
Denn so wie es seit Jahren ist,
ist es eher der Nihilist.

Ungeheuer Nebulös
Unsagbares Narrativ
Ungeklärte Neigung
Unmenschliche Normen
Ungemein Negativ

John Hopkins Institute

Often the people who initiated something good
In their own neighborhood
Had a great idea for good

Our Nobel Price seem to be the same
He tried something wonderful to inflame
Alfred did not seek for fame

A parallel we can see with John the philanthropist
And he might be one of the first abolitionist
As a social, human and smart capitalist

Both men would turn over their grave
Because they rode on the wave
For humanity to save

Today this institute is an important part
For a new transhuman standard
That's seriously hard

Hopefully they find their roots again
freeing themselves from that chain
And realize how they cause pain

Other organizations under observation
„Ich nahm die Wahrheit mal aufs Korn /
und auch die Lügenfinten. /
Die Lüge macht sich gut von vorn, /
die Wahrheit mehr von hinten!"
Wilhelm Busch

Young global leaders
(Macron, Kurz; Spahn and so on)

Blackrock
(investment against people)

Vanguard
(where is humanity?)

Trilateral Commission
(nice ideas, but truly by heart?)

Council of foreign relations
(special connections – reality show)

Just connecting points
Put them together
Draw a picture
And see by yourself

Epilog

Wir schreiben das Jahr 2021 und die Propaganda der öffentlich-rechtlichen Medien hat ihren Höhepunkt erreicht. ARD/ZDF/WDR/NDR/BR etc. schreiben leider viele Unwahrheiten. Auch SZ/FAZ/TAZ/die Zeit/Spiegel etc. stehen darin nicht nach. Warum stellt sich hier die Frage, weshalb gehen einige Journalisten ihrer Berufung für Wahrhaftigkeit nicht nach? Nun einige sind sicherlich auch von der Angstmacherei der Regierung ins Boxhorn gejagt worden und befindet sich gerade in der Schockstarre. Dann gibt es unter den Journalisten diejenigen, dir ihre Familie ernähren müssen und denen die kritische Meinung verboten wurde, oder es sind gekaufte Journalisten, die aus 800.000 tausend Demonstranten 17.000 machen, oder sehr gerne Menschen verleumden, was wohl auch gerade sehr Hip ist. Die meisten Bürger glauben auch, dass die Regierenden doch immer nur das Beste für ihr Souverän im Sinn hat. Scheint wohl auch ein deutschsprachiges Phänomen zu sein. Wie lange diese Maskerade noch fortbesteht, wird sich zeigen, die Hoffnung ist natürlich möglichst schon vorgestern dem Wahnsinn ein Ende zu setzen. Das Geisterschiff „Corona" hat sein wahres Gesicht bereits gezeigt, Island und Israel beide Länder sind zu ca 80% durchgeimpft und dennoch ist eine Grippe/Coronawelle in diesem Sommer durch die Bevölkerung gelaufen. Die Regierenden in Deutschland setzen jetzt auf 1 oder 2G, damit werden Menschen ausgegrenzt und die neue Corona Apartheid ist von Süd

Afrika auf Deutschland übergeschwappt, nach 3 Jahrzehnten. Es heißt hier aber nicht Schwarze müssen draußen bleiben, nein Ungeimpfte müssen es nun. Alle totalitäre Regime haben mit der Spaltung angefangen.

Jede Krise ist auch eine Chance.
Immer mehr Menschen schließen sich zusammen, um die Liebe und Wahrhaftigkeit wieder in den Alltag zu holen und sind bestrebt den Kindern einen Garten Eden zu übergeben. Die Steine, die auf dem Weg liegen, sind leicht und schwer, aber wir haben Asterix's Zaubertrank des reinen Herzens.

Kastensystem im Westen – Brückenbauen die Lösung

Leider, leider kann man nichts mehr sagen
und auch bloß nichts mehr erfragen
und Meinungsfreiheit wagen.

Gendern hier, Symbolpolitik dort
Die Waagschale bei jedem Wort
und der Rechts/Links Transport

Wir müssen jetzt Brücken bauen
Hinter die Kulissen schauen
Man muss sich trauen

Wir Menschen sind normalerweise gut
Wir haben viel ängstliche Wut

Und brauchen jetzt Mut

Drum räumen wir jetzt auf
Mit diesem Irrsinns Lauf
Es hört bald auf

Wir erschaffen eine neue Welt
Unter dem Gemeinschaftszelt
Die alles in den Schatten stellt

Wohlgemut streben wir nach Freiheit
In der Hand die Wahrhaftigkeit
Und wirkliche Gerechtigkeit

Wichtige Webseiten

https://www.mwgfd.de/
https://demokratischerwiderstand.de/
https://corona-ausschuss.de/
https://querdenken-711.de/
https://www.afaev.de/
https://vereinnpolifa.org/
https://lehrer-fuer-aufklaerung.de/
https://elternstehenauf.de/
https://www.aerztefueraufklaerung.de/
https://diebasis-partei.de/
https://wikihausen.de/
https://www.honkforhope.eu/
https://wirkraft.org/
https://mutigmacher.org/
https://www.corbettreport.com/

Inhaltsverzeichnis

Zeitfracht Medien GmbH
Ferdinand-Jühlke-Straße 7
99095 Erfurt, Deutschland
produktsicherheit@kolibri360.de